写真集 闘牛女子。
久高 幸枝＝写真・文

ボーダーインク

発刊によせて

うるま市長　島袋俊夫

　大型牛同士のぶつかりあう迫力、繰り広げられる華麗な技、勢子の掛け声と客席の歓声、長時間におよぶ闘いと劇的な決着ー。沖縄県民にとって、これほど手に汗握り、熱狂する娯楽は闘牛をおいて他にありません。全県に数十箇所ある闘牛場は大会のたびごとに多くの闘牛ファンに埋め尽くされます。石川多目的ドーム（闘牛ドーム）を擁し、闘牛の盛んなうるま市の市長として、また、闘牛ファンとして、闘牛の文化的意義を高く評価するものであります。

　娯楽の少ない時代の農村娯楽として栄えた闘牛は、時代と共に隆盛と衰退を繰り返してきましたが、沖縄県闘牛連合会をはじめ、各地単位組合の取り組みは、女性の入場料減額優遇制度と闘牛グッズの開発販売、開会セレモニーへの小中校マーチングバンドの演奏を取り入れる等、活気を帯び、若者の共同飼育が増え、その中から軽量級チャンピオン牛の誕生や、ラジオで人気の闘牛アナが闘牛場結婚式で多くの若者層、女性層も取り込むなど、闘牛人気はうなぎのぼりです。うるま市では年20回も開催されており、関係者の皆様のご尽力に深く敬意を表したいと思います。

　本書『闘牛女子。』は、うるま市石川在住の久高幸枝さんが若い感性のままに、これまで撮りためた闘牛写真をメインに、闘牛に関する基礎的な知識やそれに関わる人々の姿が盛り込まれております。久高さんご自身も牛を飼われている「牛主」として、個性的でありながら、初心者でも、女性でも、また闘牛ファンでも楽しめる一冊に仕上げています。

　沖縄県が誇る文化としての闘牛。本書がその振興の一助になることを期待して、発刊によせる言葉とさせていただきます。

トラムクー侍 VS 荒天花形（2012年3月18日）

岩光力 VS 琉桜風吹（2011年8月7日）

伊良皆圧送若頭 VS 新力号（2010年5月9日）

爆進パンダ VS 琉桜風吹（2010年6月20日）

シュン大将 VS 常勝会力丸（2011年5月8日）

二代目ひとめぼれ VS 牛頭若力（2010年6月20日）

ダイナマイト一撃 VS ゆかり産業号（2011年8月21日）

ドラゴン MAX VS 嘉良来亥号（2012 年 5 月 27 日）

14　隆羽白鵬 VS れもん壱瑠（2013年1月2日）

龍星若獅子 vs トラムクー侍（2012年8月12日）

16　岩光力 VS 東恩納パンダ（2011年2月6日）

常勝会ギネス VS 剛パンダ（2010年1月3日）

野外の闘牛場では、牛が泥を跳ね上げながら闘う迫力ある姿も見られる

みゆき仁風 VS 突撃ミサイル（2012年5月27日）

戦闘コブラ VS 赤野角白（2012 年 10 月 7 日）

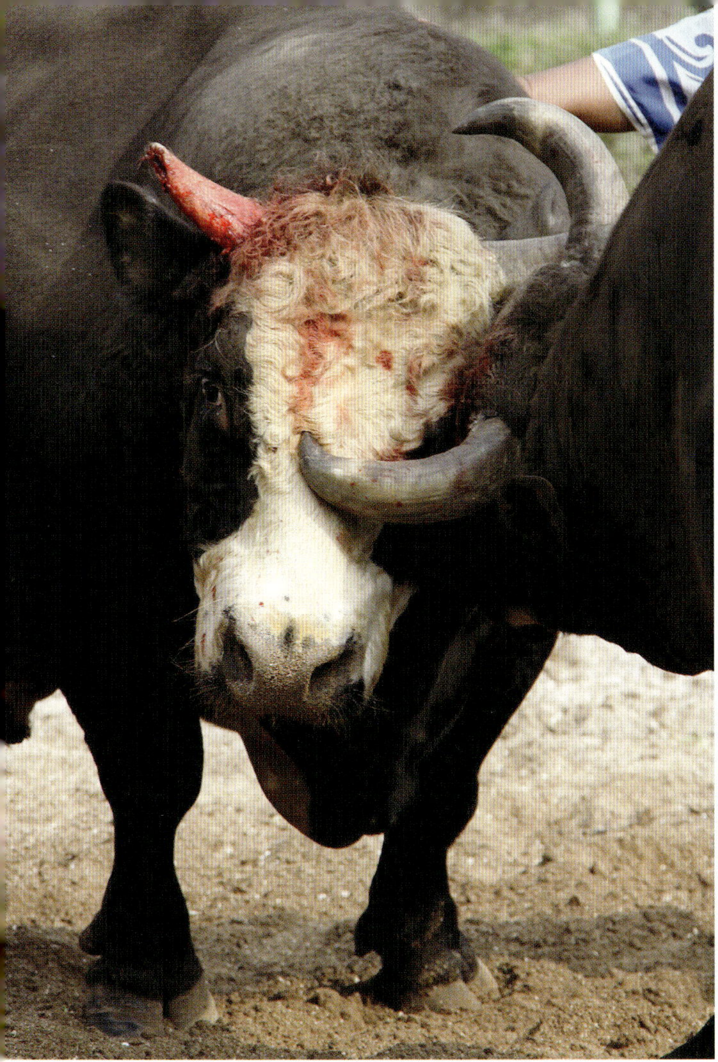

琉昇天カトラトラ（2012年3月25日）

〈上〉キャプテン翔希号 VS ハヤテ号（2012年6月3日）
〈下〉闘将☆ハヤテ VS 石山阿修羅（2011年8月21日）

21

突撃台風 VS 46 白タビ（2011 年 8 月 21 日）

龍星電撃 VS 荒天花形（2012年6月3日）

24　琉球美宝 VS 荒吹一番星（2012年6月3日）

拳勝嘩武羅 VS 戦闘巧（2009年5月10日）

闘将☆メカ VS 豪剣白ガン龍（2010年11月14日）

成龍号 VS 雷神篤希号（2011年2月6日）　　　　　　　　　龍星若獅子 VS 翔夢立喜号（2011年8月21日）

ただ吉太郎 VS 有心輝龍（2012年3月11日）

それいけ白龍 VS 不動明王（2012年3月12日）

武装戦線牙狼 VS 長堂尾白 Jr（2013 年 3 月 31 日）

〈上〉全島大会の晴れ舞台
〈下〉新力天心龍マルモ。可愛らしい名前の牛も多い。

〈上〉古堅モータース光竜 VS わたりのあっちゃん号（2010年1月3日）
〈下〉北琉パンダ VS 美力 TONTON（2012年3月25日）

昆布青年団刀牙 VS 突撃たれパンダ（2012年6月3日）

克関上昇龍☆ドラゴン龍ソウル VS 二代目ひとめぼれ（2011年5月8日）

〈左〉戦闘匠号 VS 闘魁勇士パンダ（2010年2月14日）〈右〉一心力 VS 東山大力（2011年5月8日）

ダイナマイト一撃 VS 南西花形（2012年9月2日）

トラムクーパンダ VS 不発弾（2012年10月7日）

古堅モータース赤舞駆 VS 南国アヨー（2006年5月14日）

蓮大砲（2012年8月12日）

折れた角で闘う三代目ゆかり号（2012年11月14日）

闘牛のおはなし①

■ 闘牛大会ってこんなかんじ。

　県内にはだいたい16ぐらいの闘牛場が残っていますが、実質、使われているのは石川多目的ドームです。1年に20回ほど、ここで試合が行われます。大きな大会としては春・夏・秋の全島大会が有名ですが、それぞれの地域の祭りで行われていることもあります。

　闘牛のやり方は、まずは勢子（せこ）と呼ばれる闘牛士が東西に分かれて牛とともに入場します。一大会で約10組の試合が行われます。審判は3名。勢子はだいたい3名から5名が一頭の牛につき、それが交代しながら、お互いの牛をあおり、せきたてるのです。

　見ていると分かりますが、決まった掛け声というものはなく、みな独自の掛け声を編み出していますよ。

「ヒーヤー！」

「ワーンドゥレー！」

「ハイ、ナマヤッサ！」

なんていう人もいますし、なぜか「ハイサイ！ハイサイ！」と言うだけの人もいます。それでも牛には勢子のエネルギーが十分伝わっているんですよね。

　牛のわざというものがあります。角で相手のひたいを突く「割り」、腹を突くのが「腹取り」。自分の角で相手の角をからめ取る「掛け技」。

　試合が終わった牛は、シャンプーでよく洗ってやり、酒で消毒、抗生物質をつけてやります。そうしないと感染症にかかっ

腹取り（立進龍VS信統一力、2012年6月17日）

てしまうのです。

　闘牛といっても、そこは動物。沖縄の夏場だと20分から30分でスタミナが切れてしまいます。ふらふらになって倒れる牛もいます。

牛なのにパンダ？

　牛につけられた名前も個性的というか、面白い名前のものがあります。

　例えば牛の色。黒に白いブチが入ったものは「パンダ」とか、足元に白い線が入ったものは「白タビ」。「アコー」（赤牛）な

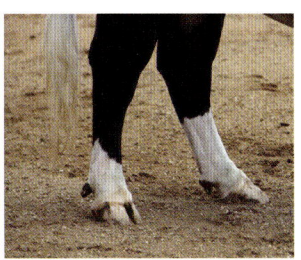

パンダ　　　　　　　白タビ

下向きの角が特徴的な、昭天大道カブラー

尖った角を持つ、結愛ちゃんトガイー

どという呼び名もあります。

　角の形から、「トガイー」（尖っている）、「カブラー」（下向き）、「ボーヌー」（後ろ向き）、「ヒーゲー」（左右の角が均等でないもの）、「タッチュー」（上向きのつの）、「ヒラー」（つのが横に広がっている）など。

　方言由来のもののほかに、「ちびまる子ちゃん」「ライガー」「マルモ」なんていうキャラクターの名前がついた牛、そして子どもの名前や企業名などをつけることもあります。

　闘牛を観戦する際には、牛の特徴にも注目すると、さらに面白さが増しますよ。

42　小夏隼（2006年3月12日）

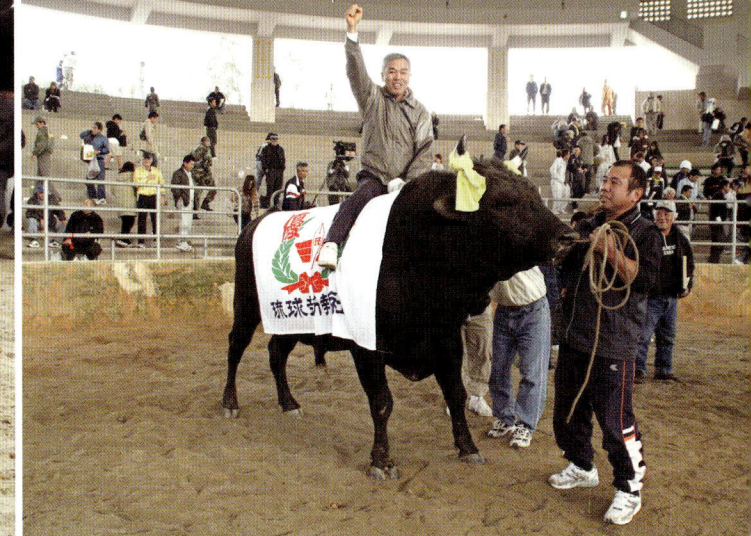

金功重機白王（2011年8月7日）

〈上〉闘魂勇士パンダ（2009年11月8日）
〈下〉徳昇力（2008年1月3日）

〈上〉岩光力（2011年2月6日）
〈下〉結愛ちゃんトガイー（2009年8月23日）

〈上〉突撃台風（2011年8月21日）
〈下〉成龍号（2011年8月7日）

〈上〉アグレ優志号（2012年11月11日）
〈下〉常勝会荒波（2011年9月4日）

〈上〉闘将☆ハヤテ（2012年11月11日）
〈下〉風神荒獅（2010年6月20日）

大相撲の元横綱・朝青龍関と一心力（2010年5月9日）

春の全島大会（2006年5月14日）

〈上〉隼ジュニア（2010年9月12日）
〈下〉荒岩台風（2011年5月8日）

〈上〉一心力（2011年5月8日）
〈下〉東昇嵐龍（2005年11月13日）

〈上段左から〉
　闘将☆メカ（2010年6月20日）
　ジブラ（2009年8月9日）
　拳勝嘩武羅（2010年5月9日）
〈中段左から〉
　竜士赤猿（2009年8月23日）
　嘉良来亥背白（2013年2月10日）
　末吉カブラー（2010年3月21日）
〈下段左から〉
　丸昇組花形（2010年5月9日）
　キング小鉄（2009年11月8日）

49

闘牛のおはなし②

🐂 闘牛の歴史。

沖縄での闘牛の歴史は、かなり古いものがあります。

起源は定かではありませんが、昔から沖縄の農家は耕作用として牛を飼っており、その牛をいつしか対決させていたのが始まりと言われています。アブシバレーという旧暦4月ごろの虫払いの行事の時に、娯楽としてやっていたという記録がありますが、今のように有料で、見世物としての闘牛が沖縄で始まったのは、昭和11年（一説によると昭和9年）だそうです。

読谷の比謝川の河口付近で、入場料を取って闘牛を行おうと組合が結成され、有志でお金を出し合って徳之島から強い牛を買って、沖縄に連れてきたのです。闘牛はそれからどんどん広がり、隆盛期には毎週末ごとに大会が行われているほどでしたが、最近では牛を飼う人が減ってきてしまい、県内各地にあった組合も統廃合が行われました。

現在では沖縄県内で20ほどの組合があるといわれています。

🐂 牛の歯。

牛は下あごにしか歯がなく、人間と同じように最初に乳歯が生えます。8本ある乳歯のうち、2本が生後2年目くらいで生え変わります。これを方言でタファーといいます。

品評会は二部に分けて出品され、一部はこのタファーと呼ばれる生後間もない牛、二部は乳歯が4本以上生え変わった牛、つまり4歳から6歳ぐらいまでの牛に分けられます。

🐂 牛だってトレーニングする。

ただ、それだけで闘牛のための牛を手に入れたことにはなりません。ここからが勝負なのです。それぞれの牛一頭ごとの性格を見分けて、それに見合ったトレーニングをする必要があります。愛情を注いでやり、喧嘩の仕方を覚えさせ、毎日散歩をさせて、あるじとの絆を深めてやらないといけません。また牛にはそれぞれ人間と同じように個性というものがあります。神経質な牛、おっとりした牛、頭のいい牛、それぞれの個性に合った訓練方法というものを、トレーニングする人が開発して、実地に教えるのです。

また実際に育ててみて、弱い牛というものもいるんです。そんなときは、さらに弱い牛をあてがって、わざと勝たせてやる。こうすることによって牛を暗示にかけるんです。「俺ってもしかして強いのかな？」っていう気にさせてやることが大事なんです。実際に闘牛場に何度も足を運んで、そこで喧嘩の練習をさせるのですが、何度も足を運んだ牛は、闘牛場に近づいただ

女性の勢子さん

勝った自分の牛と記念撮影

けで目つきが変わるものです。「あ、これは戦いの場だぞ」と、牛にも分かってくるようです。おそらく闘牛場のにおい、景色、そして闘牛の前にはやすりで角を研ぎますから、そういったもので牛も学習してくるんでしょうね。

牛の乳歯が残っていると、それが戦いで外れて負ける場合があるので、歯がぜんぶ生え変わる4歳ぐらいがデビューの時期です。

普通、牛というのは、生まれて3年ぐらいで肉牛になって売られてしまいますが、闘牛だと長かったら15年は生きています。

女性も増えてます。

闘牛の世界は、相撲と同様に、女子の入れない男の世界でした。しかしその男の世界を支えているのは、やはり家族です。みんなでつくり上げています。みんな旅行にも行きたいし、自分のしたいこともある。でも交代で牛の世話をやり、一緒になって戦っているんです。最近では女性が闘牛に参加したり、観戦に来るのが格段に増えました。

また、全国の闘牛ファンとインターネットを通じて繋がったり、女性の牛主も増えています。ハイヒールを履きながらも、一生懸命に牛舎を掃除するような女子だっているんですよ。

ファミリー。

　私の家は家族全員、牛が大好きな「闘牛一家」です。
　牛のひづめを削って整える「削蹄師」をなりわいとする父をはじめ、牛好きの母、私、弟、妹も、子どもの頃から牛を飼い、いつでも牛が身近にいる生活を送っています。
　私たち家族のグループ名は「隼一族」（はやぶさいちぞく）。
　大会に、一族の牛が出場する時はもちろん、そうではない日でも、家族で足を運んで観戦しています。

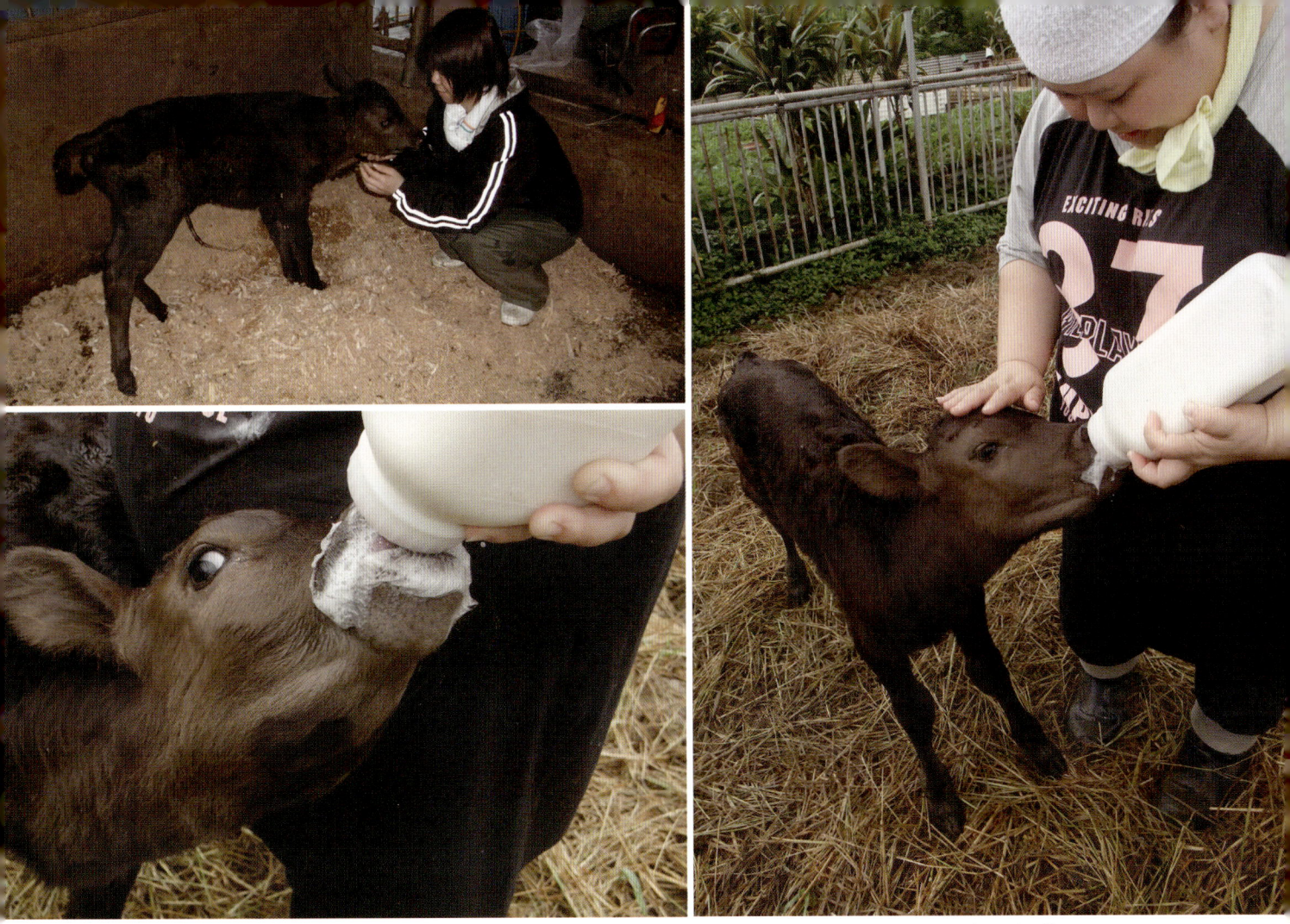

子牛の頃から愛情を込めて育てます

子牛の世話をする妹

牛を飼う家では、幼少の頃から自分の体より何倍も大きい牛の世話をすることも珍しくありません

私が子どもの頃、1988年頃に撮った写真

我が家と牛。

遊び相手が牛。

私たち家族と牛との付き合いは本当に長く、父の曾祖父である唯知は「知る人ぞ知る牛飼いだった」と聞いています。

年配の方にとっては当たり前の光景なのかもしれませんが、私の父の子ども時代ごろまでは、今よりもずっとずっと家畜が身近な存在だったようです。

家の手伝いをするとき以外は、遊び相手は牛です。父はよく牛と一緒に、川や海に水浴びをしに行ったそうです。

そのとき飼っていたのはメス牛で、父の父、つまり私のおじいちゃんにあたる唯雄は農作業をしていて田畑にスキをかけて耕していたため、その作業で疲れた牛を手入れするのは父の役目でした。

父はそんなふうに毎日、牛と一緒にいて、牛のことばかり考えていたので、学校へ行っても授業は上の空だったようです。

牛の結ぶ縁。

人によって、どんな牛が好きかという「好み」があります。

家族で

例えば重心が低くどっしりした牛、角の形がいい牛、足の長い牛……好みは本当に人それぞれ。父は重心が低く、下の重みがある「サイヨー牛」が特に好きなんだとか。

だけど父は牛を買い付けに行くと、なぜ選んだのか分からないような牛を連れて帰ることがあります。例えば体調の悪い牛なんかを連れ帰り、一生懸命に世話をしていることも。家族がそのことで不満を言っても、「頼まれたら嫌と言えない」と。

牛が好きだからね、可哀想に思って、と父は笑います。

そんな父がことのほか好きだったのが「幸山牛」という名前の牛でした。徳之島の幸山さんという方が飼っていて、私の「幸枝」という名前もこの牛からつけられました。名前の由来

を皆に話した父は、「あきれてものが言えない」と笑われたのだとか。

また、「石川サイヨー」という牛も思い出深いといいます。670kgの軽量級ですが気性が強くて扱いが難しく、大暴走するワンパク牛。

父はそういうところも気に入り、石川サイヨーとその牛主のもとに通い、そこの家族と交流を持つようになったそうです。その牛主は、実は私の母方のおじいちゃん。つまりは、父と母との出会いのきっかけとなったのは、そのワンパク牛の石川サイヨーだったというわけです。

この牛が徳之島に売られていくことが決まった時、父は牛と一緒に徳之島へ行ったのだそうです。そこで出会ったのが朝木家という、今でも家族同然のお付き合いのある一家です。もちろん血縁のつながりはありませんが、牛のおかげで仲間以上の付き合いが生まれています。

牛の結ぶ縁。ほんとうに不思議で、素敵だなぁと思います。

🐂 ねがい。

ふだんは何も言わない父ですが、私が撮る写真についてはこう思っているようです。

「小さい頃から牛小屋へ、そして削蹄へと毎日のように連れ出していたので、牛の観察力はしっかりしている。姿勢などをよく見ていたのかもしれない。牛のことを理解しているからいい写真が撮れるのかな」と。

父をはじめ、私たちは、たくさんの方々のたくさんの支えに心から感謝の気持ちでいっぱいです。この本が、牛を飼う人、牛が好きな人にとって、思い出の一冊になってほしいと思っています。

そして、これを機に闘牛が発展し、牛が好きな人が少しでも増えてほしいというのが、闘牛にかかわる皆の願いだと思っています。

闘牛士。

闘牛の魅力をさらに引き立てるのが、闘牛士たちです。「勢子」（せこ）とも呼ばれ、試合の時には牛の闘志が盛り上がっているかを見極めながら、鼻の綱を外すタイミングをうかがったり、大きな掛け声をかけて牛の勝負根性を引き出していきます。

　牛と一心同体で闘う、よきパートナーと言えるでしょう。

削蹄(さくてい)というお仕事。

伸びたひづめを削る。

　私の父は、牛のひづめを削る「削蹄師(さくていし)」の仕事をしています。

　人間の爪が伸びるように、牛のひづめも伸びていきます。月におおよそ 0.5 ミリ。ひづめが長いと割れて出血したり、踏ん張りがきかなくなるということで、牛の健康のためにひづめを削るのが「削蹄」です。

　ひづめに、人間で言うところの「土ふまず」のような隙間を作ることによって、足の裏がポンプのような役割を果たし、血液を効率よく循環させることができます。健康状態や試合前の調整具合を考慮しながら、闘牛は3ヶ月に1回ほど削蹄します（乳牛や繁殖牛は年に1回くらい）。

　削蹄の時には牛が暴れないように「枠場」に入れて行います。最初にナタでひづめ全体を粗く落とし、そして削蹄ガマやノミで削っていくのですが、ひづめの硬い牛の場合は大人の男が両腕に力を込めて削らなければならないほど。父はその作業で右の肩を痛め、3ヶ月も入院したことがありました。それほどの大仕事なのです。

　沖縄でも削蹄の二級認定試験が一昨年、昨年と実施され、合

枠場に入れてひづめを切る父。切ったあとはこんなにきれいになる

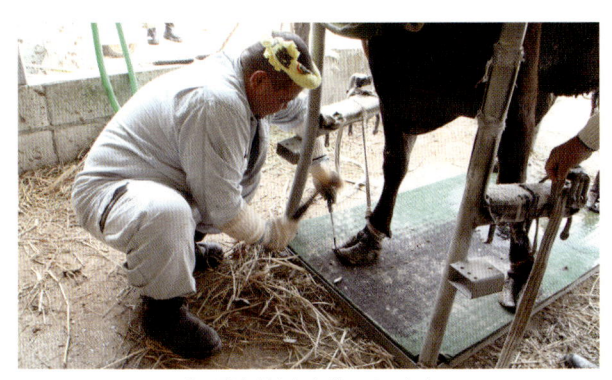

弟・直也があとを継いでいます

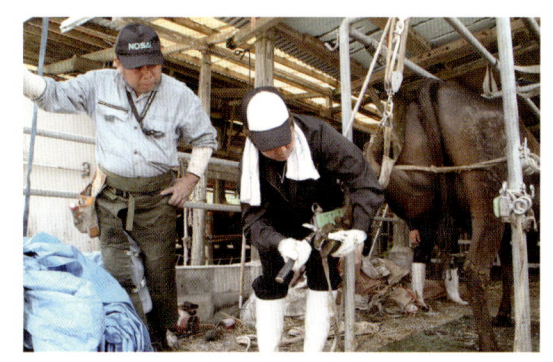

削蹄の指導をする父

　計100名ほどが合格しました。しかし、削蹄をなりわいとしている人は現在10名ほどしかいません。父はいま弟と一緒に削蹄をしていますが、2人でやっても一日20～30頭が限界。県外から団体でやってくる業者さんが大規模に削蹄を手がけることも多いそうですが、沖縄にも削蹄師が増えてほしいと思っています。

　昔は闘牛場の近くに枠場があり、試合の前に、出場する牛のひづめを皆で切っていました。父はそういう現場を見ていて、牛にとっても人にとっても負担の大きいそのやり方が気の毒で、削蹄の仕事を始めたといいます。

　父は高校1年の時、ある削蹄の現場に立ち会いました。名牛ゆかり号を手がけた人がその場におり、父が削蹄に興味津々の様子を見て「あんただったら削蹄の仕事ができるよ」とおっしゃったそうです。

　また、同じ頃、夕方に道を歩いていたら、牛が立ち往生して困っている牛主に出くわしたのだそうです。「散歩の途中で突然に牛が歩かなくなった」と言うので、父が前足の裏を見てみると、そこには大きなクギが刺さっていました。父がクギを抜いてやると、牛は何事もなかったかのようにケロッとして再び歩き始めたのだそうです。

　父が削蹄に深く関心を持つようになったエピソードです。

色とりどり。

　闘牛に関わる人たちは家族、親戚、仲間同士で牛を飼育していることが多いです。
　それらの団体やグループでは個性的なTシャツやハッピを作っており、その色とりどりの姿は闘牛大会の見どころの一つになっています。

63

コラム「闘牛女子。」と私①
人間の営み感じさせる写真。

澤田一郎
(京都市在住、闘牛ファン)

「京都に住んで、年に一回沖縄か徳之島で闘牛観戦を楽しむ私などに、文章を頼んだって、ろくなこと書けないよ」と言ったら、彼女は「だからお願いするんじゃないですか」。沖縄に住むユキさんの周りは、牛がいて当たり前の暮らしがあり、あらためて闘牛について考えること・書くことが難しいと、彼女は言います。

そういえば私が初めて「闘牛をする牛」を見たのは、2002年秋の沖縄旅行で、当時横綱だった比嘉さんの「東昇皇龍」を見学したときでした。その巨大さに圧倒され、闘牛に興味を持ちました。翌年の闘牛サミットを観戦しに沖縄に行って、本物の闘牛を観戦しました。

闘牛が終わった後のお祝いの席で、ユキさんを紹介されました。小柄な彼女が自分の闘牛を持っていると聞いて驚きました。ただ、「闘牛女子」の場合、「女勢子士」など派手な関わり方もありますが、彼女の場合は、闘牛のすべてを写真に収めるという関わり方でした。

とはいえ彼女も、自分の20倍もある闘牛を持っています。その牛を「チビ」と呼び、毎朝小柄な彼女がチビの世話をしては、シャワーで牛の匂いを洗い流してあわただしく出勤していくという「闘牛女子」です。そのチビも17歳を超え、処分の話が起こった時、感情と現実の間に挟まれて、しばらく家を飛び出してしまったのも「闘牛女子」の姿です。

だから、彼女の撮る写真にはどれをとっても温かみがあります、闘牛を通して人間の営みを感じさせます。砂かぶりに腰を掛けて「その一瞬」を狙い切り取った血まみれの闘いの写真からさえ、飼育する家族の姿が浮かんでくるのです。

この一冊が、農耕民族として家族同様大事な牛同士を闘わせて楽しんだ、日本人の原点を思い起こさせる役目を果たしてほしいと念願しております。

著者がプレゼントした写真を持つ澤田さん

人と牛。

熱狂。思わずカチャーシーを踊りだす人も

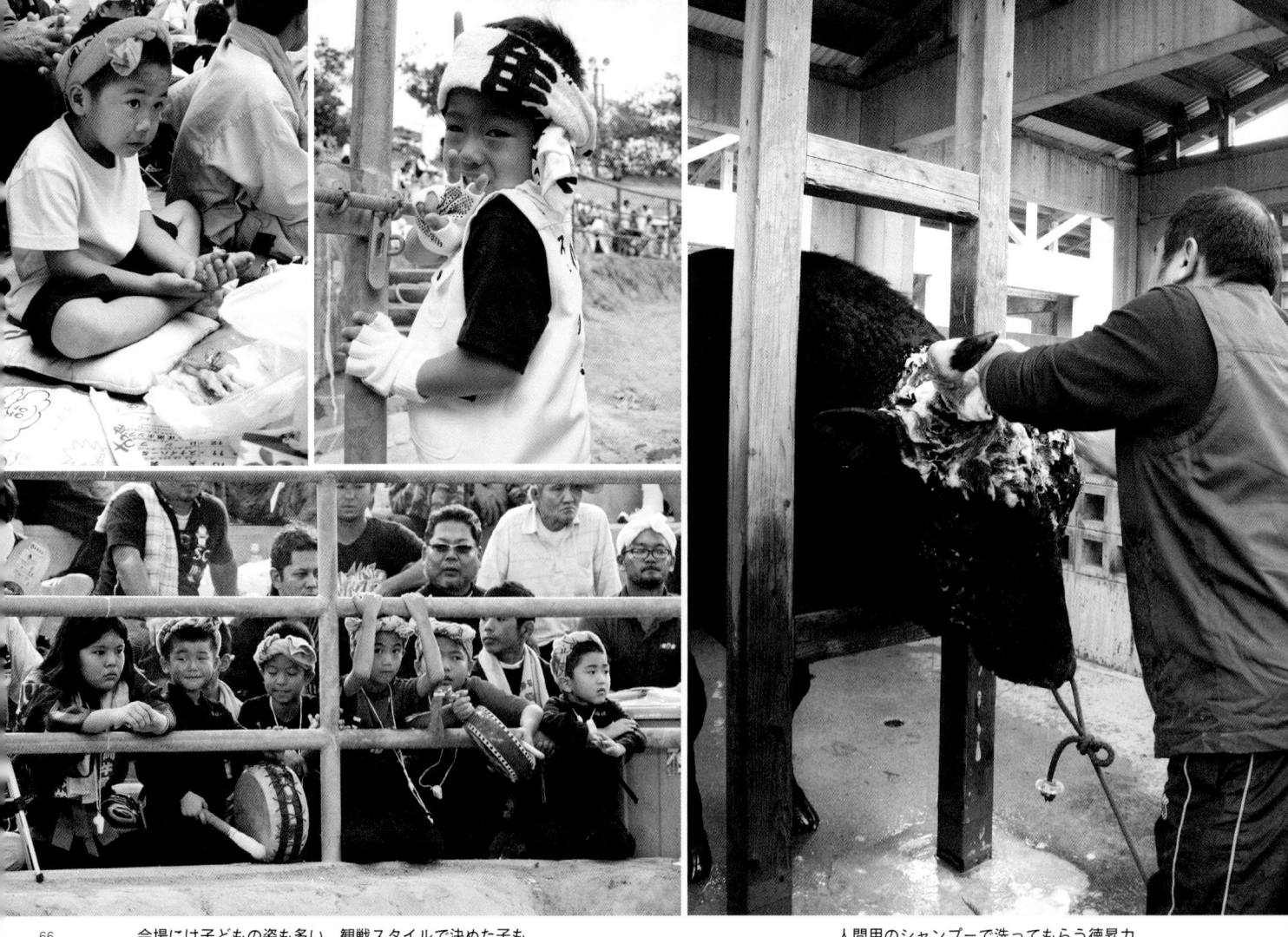

会場には子どもの姿も多い。観戦スタイルで決めた子も

人間用のシャンプーで洗ってもらう徳昇力

隠岐爆弾（2009年5月10日）

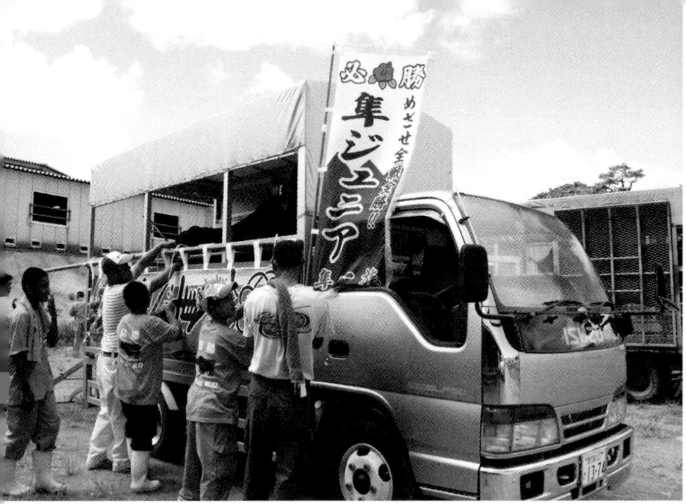
必勝
隼ジュニア

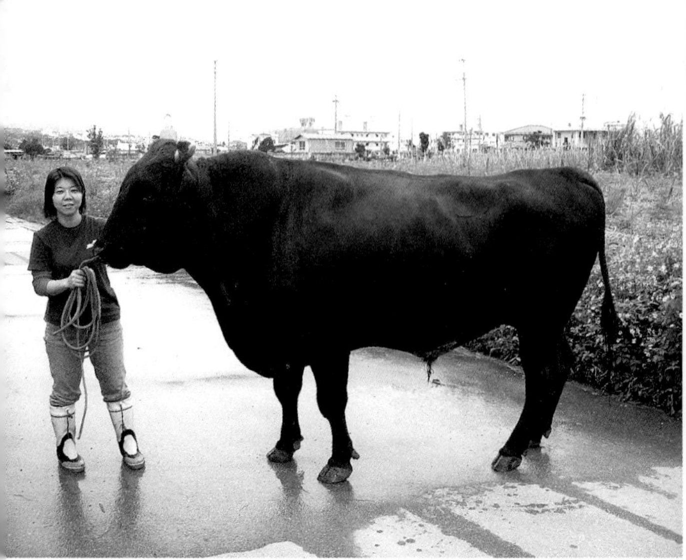

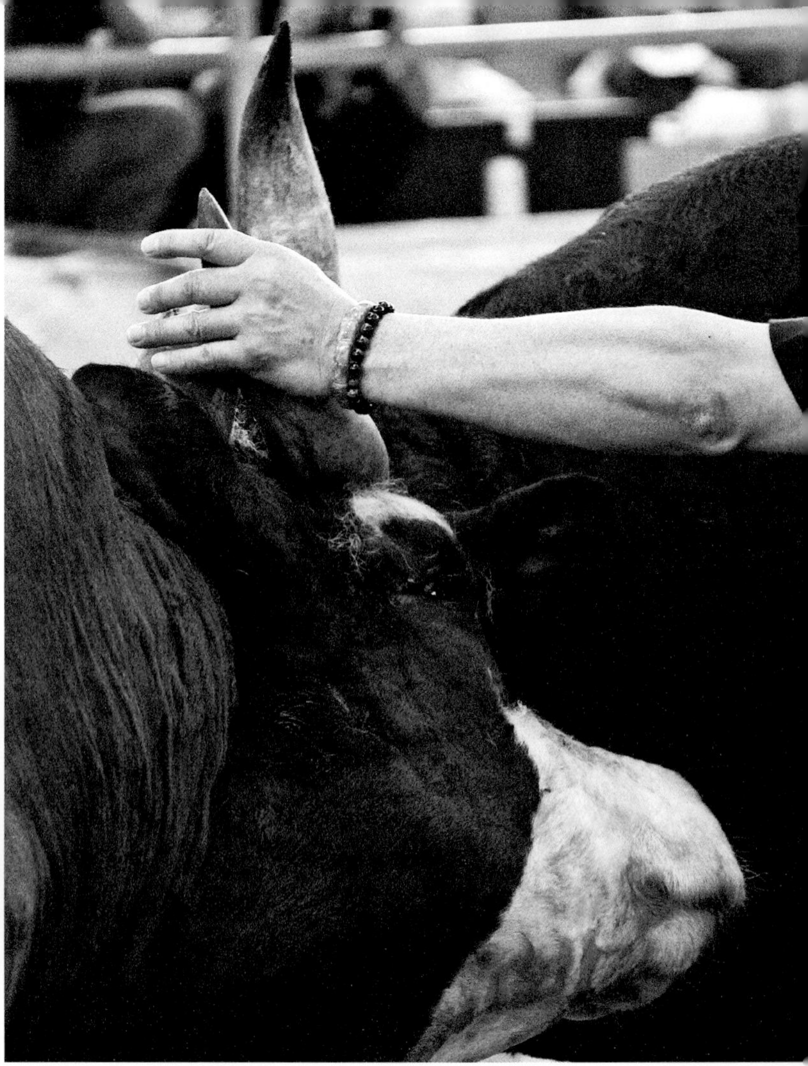

〈左上〉80年代の闘牛の様子。〈右〉沖縄市の闘牛場

コラム「闘牛女子。」と私②
闘牛実況アナウンサーが語る「あの名場面」

伊波大志（貴花グループ所属）

　私、伊波大志は、フリーのアナウンサーとして、また県内唯一の「闘牛実況アナウンサー」として活動し、各地で開催される大会で実況を務めさせていただいている。また家では昔から闘牛を飼育しており、闘牛はとても身近な存在である。

名牛対決

　近年の闘牛名勝負といえば、古堅モーターズ号 VS ゆかり号（三代目）である。
　チャンピオン・古堅モーターズ号の初防衛戦に名乗りを上げたチャレンジャーが、ゆかり号だ。闘牛界でゆかり号の名前を知らない人はまずいない。初代ゆかり号は1962年〜1968年にかけて活躍し、41連勝27回のタイトル防衛を記録した伝説の名牛である。1990年代には二代目ゆかり号が誕生、その二代目も王者に輝いた。

　三代目ゆかり号はデビュー戦から3連勝という実力が買われ、徳之島にトレードされた。ところが稽古中に角が折れるというアクシデントに遭ってしまう。それからは試合に出場することもなく、4年の年月が経った。「闘牛としてはもう無理だろう」と見切りをつけられていたが、ここで再び沖縄の牛飼いの目に止まる。三代目ゆかり号は折れた角を人工角で補強し、試合に挑んだ。

諦めない

　ゆかり号は、4年のブランクがウソのような快進撃を見せた。
　3連勝。そしてとうとうチャンピオンへの挑戦権を獲得したのである。
　超満員の観客の前で行われた、古堅モータース号とのチャンピオン戦は、開始早々激しい打撃戦に突入した。一進一退の手

石川多目的ドーム

に汗握る攻防戦—。

　開始から3分。ゆかり号に恐れていた事態が起きてしまった。人工角で補強していた左角が折れてしまったのである。「これでチャンピオンの勝利は確実」。誰もがそう思った。

　けれどゆかり号は諦めなかった。残された右角だけで応戦したのである。ハンディをかかえながらも凄まじい闘争心で闘い続け、そこから奇跡の逆転勝ちを果たし、見事チャンピオンに輝いたのである。初代、二代目に続き、三代目までもが伝説となった。そんな名試合だった。

闘牛大会について

　そんな数々の名場面を生み出している闘牛大会について少し説明したい。

　大会は各市町村の闘牛組合が主催し、年間で約30大会が行われる。春、夏、秋には全島大会が開催され、各階級の優勝旗争奪戦（タイトルマッチ）が行われ、チャンピオンとチャレンジャーが王者の称号をかけて対戦する。

　県内各地に闘牛場があるのだが、うるま市に「石川多目的ドーム」ができてからは、年間の8割近くはこのドームで開催されている。全天候型ドームで雨の心配もなく、夏場も涼しく快適に楽しむことができるからである。他には、北部の今帰仁村闘牛場や本部町闘牛場での屋外大会も開催されている。

階級

　また、闘牛には階級があるのをご存知だろうか？ 850キロ以下が「軽量級」、970キロ以下が「中量級」、そして「無差別級」という三つの階級に分けられる。

　闘牛士は勢子と呼ばれ、「ヤグイ」という掛け声をかけながら牛を叱咤激励する。上手い勢子は闘いの流れを見ながら絶妙なタイミングでヤグイをかけ、勝利を引き寄せる。ヤグイは勢子によって個性が出るが、オーソドックスな掛け声は「ヒーヤ

会場ではこのような取組表が配られ、その日の対戦カードがひと目で分かるようになっている。また、試合の予告や結果は新聞で随時紹介される（紙面は「琉球新報」）

イ！ヒーヤイ！」というものである。
　闘牛アナウンサーとして実況する時に気をつけていることがある。大会には玄人もいればもちろん素人、観光客も多く来場される。闘牛のルールや勝敗の決し方、出場牛の特徴、角の形や得意技、戦歴などが伝わるように解説することである。
　これからは玄人の方だけではなく、初心者の方でもどんどん闘牛場に足を運び、楽しんでほしいと願っている。

ダイナマイト一撃と

牛の表情。

角は大事な「闘いの道具」。形によって得意な技も異なってくる。試合の前にはやすりで角を尖らせておく。

試合の前には足で土をかく動作をすることがあるが、これを「メーガチ」(前掻き)といい、気迫十分のしるしだという。相手をうかがいながら強く踏ん張る牛も

目を見開く。顔つきが迫力十分

琉昇天力 BOSS VS 影武士（2007 年 8 月 12 日）

土俵入りと勝利。どの牛も誇らしげ　　　　　こんなユーモラスな表情も。子牛のかわいらしさは格別

コラム「闘牛女子。」と私③
勝負と喜びの表情。

比嘉司
（読谷闘牛組合、歯科医）

　私たち比嘉家と、幸枝さんの久高家のおつきあいはたいへん長いです。私の亡き祖父・憲永と、「カンプーオトー」と親しまれていた幸枝さんの曾々祖父は、馬喰郎（ばくろう）仲間として親交が深く、その祖父が闘牛士の中で最も信頼していたのが幸枝さんの父・唯志さんでした。

　私たち兄弟も、闘牛に関することで悩んだとき、真っ先に相談するのが唯志さんです。

　今から三十数年前、私が初めて久高家を訪れたとき、幸枝さんは2、3歳の可愛い女の子、弟の直也くんは生後間もなく唯志さんに抱かれていました。それが私と幸枝さん、そして久高家との関わりの始まりです。

　私は牛を見るときには、「勘」を信じます。その勘も、今まで何百頭という牛を見てきた中で磨かれてきたものです。

　初めて見たとき、その牛に何を感じたか、角の生え具合、顔つき、目つき、首の作り、全体のバランス、立ち方など。人によって見方はまちまちですが、それを正直に手帳に記しています。そして、その結果が3〜4年後、闘牛の試合という場で分かるのです。予想が当たったか、外れたか。せっかくの素質も飼い主の世話不足でダメになることもありますし、逆に予想以上の結果を残すこともあります。

　牛にはいろいろな性格があり、飼い主はいち早くその性格を見抜き、一番良い方法で調教します。

　やる気のない牛には、ギリギリまで練習試合を闘わせます。相手牛に攻撃されることによって「やらないとやられる」という意識を持たせると、しっかり「喧嘩」を始める牛もいます。体の小さい牛は、小さい頃よりよく喧嘩をします。

　一方で、体の大きくなる牛は小さいころはあまりパッとせずに相手牛にやられたりします。しかし大器晩成型、大きくなる

につれて力をつけてくるのです。それを見抜けず、我慢できずに牛を手放す飼い主さんもいらっしゃいます。とても残念なことです。
　勝負の世界、勝つこともあれば負けることもあります。大方の予想に反して自分たちの牛が勝利したときの喜びは何とも言えません。彼女の写真は、牛や人が見せるそんな表情を写しとっています。
　本書を通して、それぞれの表情を感じてほしいと思います。

久高ファミリーと

東昇鮫島号（2008年3月30日）

あとがき。

　小さい頃からずっとずっと牛がいる環境で育ちました。
　家族全員で草刈りをし、エサを与え、闘牛場に行くというのが日課。狭いピックアップトラックにギュウギュウになり、みんなで草刈り。体調が悪くてキツかったり、台風の中、しんどかったりしたけど、牛が待ってるんです。「もぉ〜」って甘えてくるんです。かわいくて、かわいくて……だから、みんなで頑張れました。
　うちの子の大会出場が決まった時は、何週間も前からドキドキ……。昔ながらのゲン担ぎで「女」である私は牛主であろうとも、大会当日は牛舎に行くことが許されません。そのことに悔しい想いもしました。でも、父と弟を信頼していたので、当日の調整、角研ぎ、闘牛場への運搬、勢子は安心して任せていました。
　学校が終わると父についていき、いろんな方の牛舎を回りました。父は、言葉で話ができない牛たちのことを理解しようと、一生懸命に勉強して「指導級削蹄師」という資格も取りました。父の仕事が自慢でした。牛と共に戦う闘牛士の父が自慢でした。無理をし続け、両肩を壊してしまいましたが、今でも、後輩たちの育成のため、指導、講習会、試験を行っています。そして今では弟・直也が立派にあとを継いで削蹄を頑張っています。
　私が闘牛の写真を撮り続けてこられたのは父と弟のおかげです。はじめは、ごく身近な仲間うちの写真だけ。そのうち、記念にと集合写真も撮るようになり、年間を通して写真展を開催させていただけるようにもなりました。そのことを嬉しく思っています。

　最後に、1ページ目に使われた写真の話をさせてください。
　私は「チビ」という大好きな牛を飼っていました。チビはあまり闘牛向きではなく、デビューして10年で16回試合に出ましたが、生きた年数からすれば試合数はそう多いとはいえません。平和的な性格で、闘うのがあまり好きではなく、試合でもそんなに勝てませんでした。
　でも私は、チビと心が通じ合っていました。気持ちの穏やかなチビと一緒にいると本当に楽しく、最後の最後まで世話を続けました。
　チビは18歳まで生きましたが、その時にはもちろん闘牛と

して闘うことはできませんし、歳をとってすっかり痩せ、体も弱くなっていました。

　そして、お別れをしなければならない朝が来ました。チビは足も悪くなっていて立ち上がるのもままならない状態だったのですが、私が近くに来ると無理にでも立ってそばに来ようとします。そんなこともあって、私は家族から「お前は牛舎に来るな」と言われていました。でも、ずっと可愛がってきたチビとそのまま別れることは私にはできませんでした。

　写真は、お別れの時に写したものです。私はいつも撮る側で、撮られることはほとんどありませんが、妹にお願いして撮ってもらいました。

　頑張って立ち上がったチビと、涙をこらえている私が写っています。大切な大切な一枚です。

　今回、写真集を発行するにあたって、一番初めに相談をして、すぐに動いてくれた石川闘牛組合の平良た〜かぁ。本書の趣旨をご理解、ご協力してくださった沖縄県闘牛組合連合会長の幸地政和様。出版に際してお祝いの言葉を寄せてくださったうるま市長・島袋俊夫様。闘牛の知識や面白さを書いてくださった読谷闘牛組合の比嘉司様、関西闘牛愛好会の澤田一郎様、闘牛アナウンサーの伊波大志様。

　さらには本を応援したいと、協賛金という形でご協力してくださった皆様と、全沖縄県闘牛組合関係者の皆様。そして出版にあたり何度も闘牛場に足を運んでくださった、出版社ボーダーインクの喜納えりか様。

私は皆様に感謝し、この写真集を誇りとし、これからも良い写真が撮れるよう努めていきます。たくさんの皆さんに闘牛を知っていただき、好きになっていただけたら幸いです。
　本当にありがとうございました。

2013年4月

久高　幸枝

赤チビを連れて

「もも」と

著者略歴
久高　幸枝（くだか・ゆきえ）

　1975年、石川市（現うるま市石川）生まれ。代々続く「牛カラヤー」（牛飼い）一家の長女で、小学5年生から闘牛の写真を撮り始める。高校卒業後、保育士、カメラ販売店勤務、ブライダルカメラマン（「ニューフロンティア」所属）を経て、現在はフリーカメラマン。

【注】撮影日ならびに牛の名前は可能な限り記載したが、編集上の都合で割愛したもの、不明のものもある。

写真集　闘牛女子。

2013年5月20日　初版第一刷発行

著　者　久高　幸枝
発行者　宮城　正勝
発行所　ボーダーインク
　〒902-0076　沖縄県那覇市与儀226-3
　tel098-835-2777、fax098-835-2840
印刷所　近代美術
©YUKIE Kudaka,2013
ISBN978-4-89982-237-0 C0039

徳之島上面縄闘牛組合

富本ファミリー

トリイ歯科医院

院長 比嘉 司
Dr. Atsushi Higa

〒904-03　沖縄県読谷村字楚辺1091
（トリイステーション前）
☎098-956-8484

建築資材販売
増改築・内装工事・見積りします。

セイ　コウ
清光商事

代表者 米須清光

〒901-2423　沖縄県中城村字北上原421-6
携帯　090-1940-6327
FAX　098-895-9155

俺が勝つ！

富士皇

西部闘牛組合

具志川闘牛組合

一心力

牛主　照屋寛一

TGK TOWA GIKEN

TOWAのエレクトロ技術は、半導体産業を支えます。

『闘牛女子』出版おめでとうございます。

株式会社 東和技研
代表取締役　高木 正人

（京　都）〒615-0806 京都市右京区西京極畔勝町32番地
　　　　　TEL.075(325)3055　FAX.075(325)3929
（大　阪）〒560-0032 大阪府豊中市蛍池東町4丁目3-22
　　　　　TEL.06(7892)1541　FAX.06(7892)1542
ホームページ　http://www.towagiken.co.jp/

元読谷島ミニ軽量級 チャンピオン

東和技研 白岩號

一般建設業　沖縄県知事許可(般-18)5750号

金功重機

ENJOY OFF-ROAD 4x4 琉朝 RYUCHO

※新車販売（全メーカー取扱い）
※中古車販売（軽自動車やBOX、」4WD
　コンパクトカー等各種取扱い）
※車検一般修理
※鈑金塗装・保険事故・自社工場完備

ジョイカル読谷
Enjoy Car Life JOYCAL 琉朝商会
☎098-957-6555　営業時間10:00～19:30 定休日木曜・GW・お盆・お正月

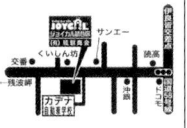

闘牛一家

大城・仲村ファミリー

代表者　仲村舞子

隼一族

久高直也・美奈・正樹

元軽量級チャンピオン

成龍号

牛主　喜友名　朝貴

S.K Music 久高 悟

〒904-1115 うるま市石川伊波331 9-101
TEL・FAX 098-965-3559 携帯 090-1947-1252
E-mail satoru.k-paku-ri@ezweb.ne.jp

協賛『闘牛女子』発刊
障がい者がサービスを受ける施設ではなく
障がい者がお客様にサービスする
島本障害者共働作業所
URL；http://homepage2.nifty.com/sagyousyo/

New Frontier

ブライダルスナップ撮影・写真現像・焼付け
記念写真・集合写真撮影 他写真全般

有限会社ニューフロンティア
〒901-2206　沖縄県宜野湾市愛知397-1
TEL098-893-6568　FAX098-893-5877

島本障害者共働作業所

専従　**澤田　一郎**

大阪府三島郡島本町広瀬1-5-2 エクセルコート101
TEL&FAX 075(962)3485

学習塾
☆Seito
星都学院

塾長　比　嘉　良　仁

〒904-2172　沖縄市泡瀬２丁目２８－１７
TEL（098）939-5169

徳之島関西闘牛愛好会

ふもと
麓　仲治

徳之島
マンモス古田

農業組合法人　楚辺ファーム
比嘉 悟
TEL098-989-9365

宇和島闘牛
昭和雷電
国田登留　橋本知久

貴花グループ
代表　伊波盛明

HP:http://78127675.at.webry.info/

aj
amerotica japan

President
多和田みなえ
MINAE TAWATA

アメロティカ　ジャパン

Costa Verde 1F 3-4-16Mashiki,Ginowan
City Okinawa.,Japan　901-2224
〒901-2224沖縄県宜野湾市真志喜3-4-16
　　　　　　　　　　　Costa Verde 1F
TEL:(098)890-1786　FAX:(098)890-1786
E-mail:ameroticajapan@gmail.com

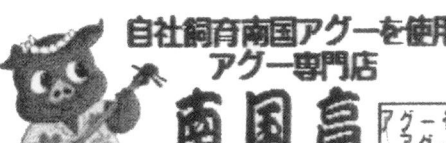

南国亭
自社飼育南国アグーを使用
アグー専門店
アグーそば・アグーバーガー
アグーかつ定食・焼餃子
沖縄県島尻郡八重瀬町字沖座1075-2
TEL：098-998-1739

オート・メカ楚南
ホンダ新車・各種中古車販売　車検・リサイクル・パーツ販売
廃車引取り（新品・中古タイヤ・バッテリー）

代表　山城　清

〒904-1104　うるま市石川嘉手苅209-1番地
TEL・FAX(098)965-6577

米須　清春

パン・菓子工房 Petits Fours
OPEN TO CLOSE AM9:00〜PM9:00

石川店　沖縄県うるま市石川東山1-22-20
TEL/FAX.098-965-4702
江洲店　沖縄県うるま市江洲542-9
TEL/FAX.098-973-5784
みどり町店　沖縄県うるま市みどり町6-1-20
TEL/FAX.098-972-3575

有限会社　プティ・フール

みゆき仁風
牛主　伊良波　幸仁

総合結婚式場 キャッスルハイランダー
うるま市字天願156-1　電話(098) 972-4143
ヨイヨメ

石川堂
SEKI SEN DO

表具師　當間　巧

文化財修復
（掛軸・和額・屏風・
巻物・古文書・複製）

〒904-1106　沖縄県うるま市石川2738-11-2F
TEL・FAX（098）**964-2225**
E-mail:sekisendo@kuf.biglobe.ne.jp

山城ヨシカズゴルフコンペ

恩納村前兼久

石川闘牛組合

不動心

牛主　末吉司

山城亭 あぐーの店

代表者　山城　永一
　　　　Yamashiro　Eiichi

〒904-0414　沖縄県国頭郡恩納村前兼久968
TEL098-965-2336

海鮮居酒屋　秀月

←名護
ムーンビーチ

恩納南バイパス　↑石川

那覇→

秀月★
前兼久漁協入口
電話989-9119

カラオケ居酒屋　キャッスル

〒904-0301読谷村座喜味1585
電話098-958-1102

結愛ちゃんトガイー

牛主　池原寛

大敵と見て恐れず　小敵と見て侮らず

川風・登川潤

具志川闘牛組合
武装戦線牙狼

牛主　武装会

「普通のことが普通にできる幸せ」ひまわりは応援します。

リハビリ特化型デイサービス　見学・体験・ご相談はお気軽にどうぞ

（有）在宅介護サービス **ひまわり**

● うるま市本店　電話 098-974-5425
● うるま市石川店　電話 098-965-6207
● 沖縄市古謝店　電話 098-989-8515

具志川闘牛組合
勝進龍

牛主　玉栄吉則

私たちは「雇用に関わるトータルサービス」で地域社会へ貢献します。

全国求人情報協会正会員

K（株）求人おきなわ

代表取締役社長　大里 一雄

本　　社／〒900-0005　沖縄県那覇市天久1131-11　TEL 098-862-2490
中部営業所／〒904-2154　沖縄県沖縄市東二丁目14番5号　TEL 098-934-2780

徳之島万華鏡

徳之島の話題・情報を随時更新

http://www.nakamurasika.com
E-mail n@nakamurasika.com

FIGHTING 闘牛

テレビ・ラジオ・披露宴・イベント司会
闘牛実況アナウンサー
伊波大志

沖縄県磁気探査事業協同組合　沖縄県磁気探査協会

有限会社 みどり調査設計

測量業登録　第(1)-33100号

代表取締役　玉那覇　有次　港湾海洋調査士(危険物探査)

本社	〒904-2215	沖縄県うるま市みどり町二丁目12番19号
		TEL(098)974-7997　FAX(098)974-7991
与那原営業所	〒901-1303	沖縄県与那原町字与那原680　比嘉アパートB号

丸昇組　型枠業

代表者　伊波　直也

〒904-1111 沖縄県うるま市石川東恩納1663
TEL/FAX　(098) **965-3406**　携帯　090-3796-3620
e-mail　marusyougumi@yahoo.co.jp

お持ち帰りOK！居酒屋「ぎゅうしん。」

(大城畜産直送)

〒904-2215 沖縄県うるま市みどり町3-13-20　ニューユタカアパート
18時〜翌1時(L.O.=0時30分)　定休 月曜　TEL(098) **979-1129**
イイニク

代表　大城　健　Ken Oshiro

携帯090-8290-0196　E-mail:qqz92k2m9@helen.ocn.ne.jp

浦底タタミ店

〒902-0064 那覇市寄宮3丁目2-45
電話098-854-1614

Dulce

好評につき延長

美肌全身脱毛

15回コース　198,000円

9回コース　128,700円

回数保証　有効期限なし
月々25,000円〜スタートできます。
回数・コース他にもございます。

入会金などは一切ございません。無料カウンセリングも行っています。お気軽にお電話下さい。

脱毛サロン Dulce
☎ 098-926-0276

住／北谷町北前264-6 ドゥルセ内
営／9:00〜20:00
休／日曜
Mail／la-hermana@willcom.com

沖縄の在来家畜
その伝来と生活史

琉球在来家畜の保存と活用

馬、豚、犬、水牛、鶏、山羊、家鴨、ミツバチ―。

琉球列島には、与那国馬、アグー、琉球犬、水牛、チャーン（鶏）、バリケン（家鴨）など多種類の在来家畜が飼われている。しかし一方で、一部の在来種は絶滅の途をたどっている。

四〇年以上、在来家畜の研究に取り組んできた著者が、沖縄の在来家畜を紹介しながら、その潜在能力を再評価し、新たな活用法を探る。

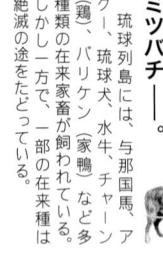

新城 明久 著　■定価1680円（税込）／A5判152ページ

消えた琉球競馬
幻の名馬「ヒコーキ」を追いかけて

大好評！

なぜその詳細が明かされていなかったのか。

現役の競馬記者が歴史を掘り起こすドラマティック・ノンフィクション！

- ●蔡温がたたえた馬勝負
- ●ヒンプンガジュマルは馬場だった
- ●馬場は基地の中
- ●二つの馬の絵画の謎
- ●那覇、首里ほか各地の馬場巡り
- ●琉球競馬の終焉
- ●遺念火の出た馬場 etc……

速さではなく美しさを競う、幻の「琉球競馬」を追う！

梅崎 晴光 著　■定価1890円（税込）／四六判344ページ

ボーダーインク 沖縄の文化誌シリーズ

沖縄でなぜヤギが愛されるのか

平川宗隆 著

ヤギの伝来や沖縄における改良の歴史、飼養形態、そして東アジアまでを視野に入れたヤギ食文化の取材から、沖縄でヤギが愛される理由を解き明かす。

■定価945円（税込）

グスク探訪ガイド

名嘉正八郎 著

■定価1890円（税込）

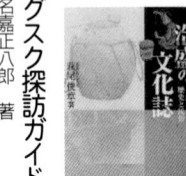

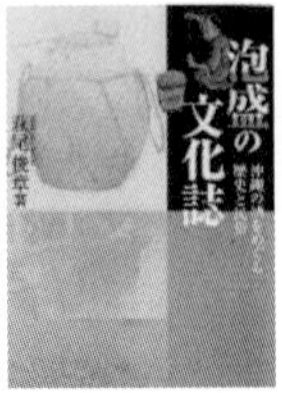

泡盛の文化誌

萩尾俊章 著

■定価1680円（税込）

沖縄の市場〈マチグヮー〉文化誌

小松かおり 著

■定価1890円（税込）